okul - isikole	2
seyahat - ukuhamba	5
ulaşım - izinto zokuhamba	8
şehir - idolobha	10
arazi - ingadi	14
restoran - isitolo sokudlela	17
süpermarket - emakethe enkulu	20
içecekler - iziphuzo	22
yemek - ukudla	23
çiftlik - ifamu	27
ev - indlu	31
oturma odası - igumbi lokuhlala	33
mutfak - ikhishi	35
banyo - igumbi lokugeza	38
çocuk odası - igumbi lezingane	42
kıyafet - izimpahla	44
ofis - i-ofisi	49
ekonomi - umnotho	51
meslekler - imisebenzi	53
aletler - amathuluzi	56
müzik enstrümanı - izinsimbi zomculo	57
hayvanat bahçesi - esiqiwini	59
sporlar - imidlalo	62
etkinlikler - imisebenzi	63
aile - umndeni	67
vücut - umzimba	68
hastane - isibhedlela	72
acil - izimo eziphuthumayo	76
dünya - Umhlaba	77
saat - iwashi	79
hafta - iviki	80
yıl - unyaka	81
şekiller - amasheyphu	83
renkler - imibala	84
zıt anlamlılar - izinto ezingafani	85
sayılar - izinombolo	88
diller - izilimi	90
kim / ne / nasıl - ubani / ini / kanjani	91
nerede - kuphi	92

Impressum
Verlag: BABADADA GmbH, Nedderfeld 112 , 22529 Hamburg
Geschäftsführer / Verlagsleitung: Harald Hof
Druck: Books on Demand GmbH, In de Tarpen 42, 22848 Norderstedt

Imprint
Publisher: BABADADA GmbH, Nedderfeld 112 , 22529 Hamburg, Germany
Managing Director / Publishing direction: Harald Hof
Print: Books on Demand GmbH, In de Tarpen 42, 22848 Norderstedt

okul
isikole

- böl / divayda
- tahta / ibhodi
- sınıf / ikilasi
- okul bahçesi / igceke lesikole
- öğretmen / uthisha
- kağıt / iphepha
- yazmak / bhala
- kalem / ipeni
- masa / ideski
- cetvel / irula
- kitap / incwadi
- öğrenci / umuntu

186/2

okul çantası
isikhwama

kalemlik
isikwama sepeni

kurşun kalem
ipensela

kalem açacağı
umshini wokulola

silgi
irabha

çizim defteri
indawo yokudweba

okul - isikole

çizim ukudweba	resim fırçası ibrashi lokupenda	boya kutusu ibhokisi lokupenda

makas isikelo	tutkal inomfi	alıştırma kitabı incwadi yesikole

ödev umsebenzi wasekhaya	sayı inamba	ekle hlanganisa

çıkar susa	çarp phindaphinda	hesapla bala

harf incwadi	alfabe izinhlamvu zamagama	kelime igama

okul - isikole

metin	okumak	tebeşir
umbhalo	funda	ushoki

ders	kayıt	sınav
isifundo	bhalisa	isivivinyo

sertifika	okul forması	eğitim
isitifiketi	iyunifomu yesikole	imfundo

ansiklopedi	üniversite	mikroskop
i-encyclopedia	inyuvesi	isibonakhulu

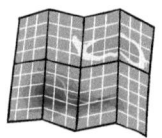 

harita	kağıt çöp kutusu
ibalazwe	ibhaskidi yokulahla amaphepha

okul - isikole

seyahat
ukuhamba

otel
ihhotela

pansiyon
ihositela

döviz bürosu
i-bureau de change

bavul
i-suitcase

otomobil
imoto

dil
ulimi

evet / hayır
yebo / cha

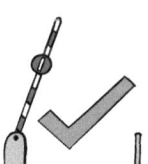

Tamam
kulungile

merhaba
sawubona

çevirmen
umhumushi

Teşekkür ederim
Ngiyabonga

seyahat - ukuhamba

bu ... ne kadar?
iyimalini i...?

anlamadım
angiqondi

problem
inkinga

İyi akşamlar!
Intambama enhle!

Günaydın!
Sawubona!

İyi geceler!
Ulale kahle!

güle güle
bye bye

yön
isiqondiso

bagaj
izikhwama

çanta
isikhwama

sırt çantası
ubhakha

misafir
isivakashi

oda
igumbi

uyku tulumu
isikhwama sokulala

çadır
ithende

seyahat - ukuhamba

turist danışma	sahil	kredi kartı
imininingwane yamathoristi	ulwandle	ikhadi lesikweletu

kahvaltı	öğle yemeği	akşam yemeği
ukudla kwasekuseni	ukudla kwasemini	ukudla kwasebusuku

Bilet	asansör	pul
ithikithi	i-lift	isitembu

sınır	gümrük	elçilik
ibhoda	amasiko	inxusa

vize	pasaport
ivisa	iphasiphothi

seyahat - ukuhamba

ulaşım
izinto zokuhamba

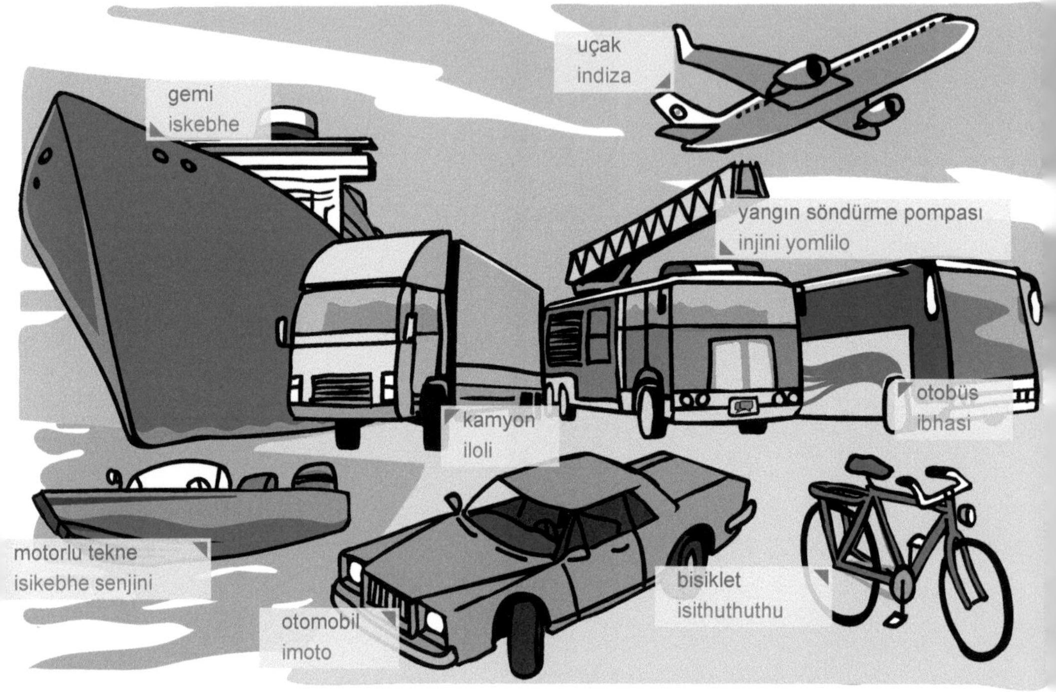

uçak / indiza

gemi / iskebhe

yangın söndürme pompası / injini yomlilo

otobüs / ibhasi

kamyon / iloli

motorlu tekne / isikebhe senjini

otomobil / imoto

bisiklet / isithuthuthu

feribot
isikebhe

bot
isikebhe

motosiklet
isithuthuthu

polis arabası
imoto yamaphoyisa

yarış arabası
imoto ejahayo

kiralık araba
imoto eqashiwe

ortak araba
ukurenta imoto

çekici
iloli eliphukile

çöp kamyonu
ithrakhi

motor
injini

yakıt
amafutha

benzinlik
indawo yokuthela uphethiloli

trafik işareti
uphawu lwethrafikhi

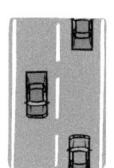

trafik
ithrafikhi

trafik sıkışıklığı
ithrafikhi enkulu

otopark
indawo yokupaka izimoto

tren istasyonu
isitashi sesitimela

ray
amaloli

tren
isitimela

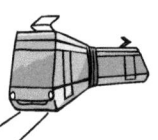

tramvay
ithilamu

vagon
inqola

ulaşım - izinto zokuhamba

helikopter
ihelikhoptha

havaalanı
isikhungo sezindiza

kule
umphongolo

yolcu
iphasenja

konteyner
ikhonteyna

koli
ikhathoni

yük arabası
inqola

sepet
ubhasikidi

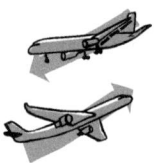
kalkış / iniş
ukusuka / ukwehla

şehir
idolobha

köy
isigodi

şehir merkezi
i-city centre

ev
indlu

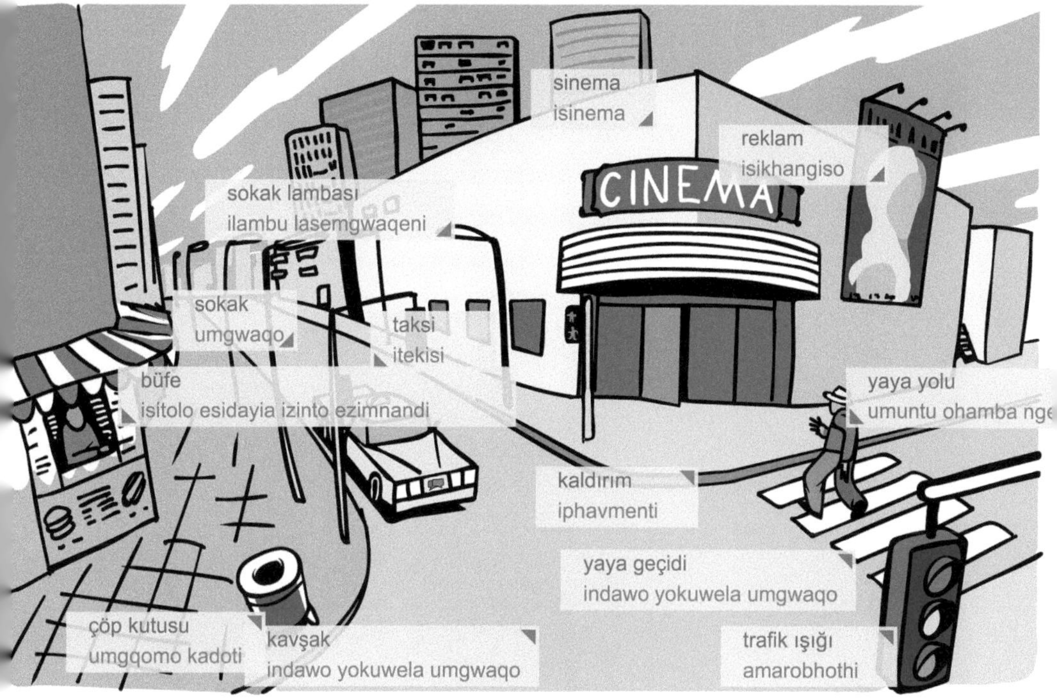

sinema
isinema

reklam
isikhangiso

sokak lambası
ilambu lasemgwaqeni

sokak
umgwaqo

taksi
itekisi

büfe
isitolo esidayia izinto ezimnandi

yaya yolu
umuntu ohamba nge

kaldırım
iphavmenti

yaya geçidi
indawo yokuwela umgwaqo

çöp kutusu
umgqomo kadoti

kavşak
indawo yokuwela umgwaqo

trafik ışığı
amarobhothi

kulübe
indlu yodaka

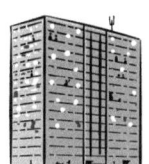

apartman dairesi
i-flat

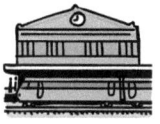

tren istasyonu
isitashi sesitimela

belediye binası
i-town hall

müze
imuzilemu

okul
isikole

şehir - idolobha

üniversite	banka	hastane
inyuvesi	ibhange	isibhedlela

otel	eczane	ofis
ihhotela	ikhemisi	i-ofisi

kitapçı	mağaza	çiçekçi
isitolo sezincwadi	esitolo	istolo sezimbali

süpermarket	market	büyük mağaza
emakethe enkulu	imakethe	isitolo somnyango

balık satıcısı	alışveriş merkezi	liman
i-fishmonger's	isikhungo sezitolo	isikhungo semikhumbi

şehir - idolobha

park ipaki	bank ibhentshi	köprü ibhuloho

merdiven izitezi	metro ngaphansi komhlaba	tünel umhubhe

otobüs durağı istobhu sebhasi	bar i-bar	restoran isitolo sokudlela

posta kutusu eposini	sokak tabelası uphawu lwasemgwaqeni	otopark sayacı umshini wokukhokhela ukupaka

hayvanat bahçesi esiqiwini	yüzme havuzu indawo yokubhukuda	cami i-mosque

şehir - idolobha

çiftlik — ifamu

kirlilik — ukungcola

mezarlık — amagcwaba

kilise — isonto

oyun alanı — igrawundi lokudlala

tapınak — ithempeli

arazi
ingadi

- yaprak — icembe
- yön tabelası — mpambano mgwaqo
- yol — indlela
- çayır — idlelo
- taş — itshe
- ağaç — isihlahla
- yürüyüşçü — umqwali wezintaba
- ırmak — umfula
- çimen — utshani
- çiçek — imbali

arazi - ingadi

vadi
isigodi

tepe
intaba

göl
ichibi

orman
ihlathi

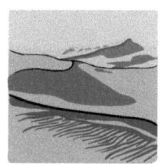

çöl
ogwadule

volkan
intaba mlilo

kale
isigodlo

gökkuşağı
uthingo

mantar
ikhowe

palmiye
isihlahla sesundu

sivrisinek
umiyane

sinek
ukundiza

karınca
intuthwane

arı
inyosi

örümcek
isicabucabu

arazi - ingadi

böcek
ibhungane

kurbağa
ixoxo

sincap
i-squirrel

kirpi
i-hedgehog

yabani tavşan
unogwaja

baykuş
isikhova

kuş
izinyoni

kuğu
idada

yaban domuzu
intibane

geyik
inyamazane

geyik
i-moose

baraj
idamu

rüzgar türbini
i-wind turbine

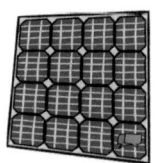

güneş paneli
i-solar panel

iklim
isimo sezulu

arazi - ingadi

restoran
isitolo sokudlela

- garson / uweyita
- menü / imenu
- sandalye / isihlalo
- çorba / isobho
- pizza / i-pizza
- masa örtüsü / indwangu yasetafuleni
- çatal - bıçak / ikhathilari

başlangıç
ukudla okulula

ana yemek
isidlo

tatlı
idizethi

içecekler
iziphuzo

yemek
ukudla

şişe
ibhodlela

fastfood
ukudla okulula

sokak yemeği
ukudla okudayiswa emgwaqeni

çaydanlık
ithiphothi

şekerlik
isitsha sikashukela

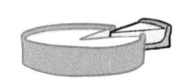
porsiyon
ingxenye

espresso makinesi
umshini we-ekspreso

mama sandalyesi
isitulo esiphezulu

fatura
izindleko

tepsi
ithreyi

bıçak
ummese

çatal
imfologo

kaşık
ispuni

çay kaşığı
ithispuni

servis peçetesi
indawo yokusula umlomo

bardak
igilasi

restoran - isitolo sokudlela

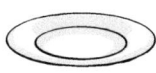

tabak	çorba kasesi	fincan altlığı
ipuleti	ipuleti lesobho	isoso

sos	tuzluk	karabiber değirmeni
isosi	isitsha sasawoti	isitsha sephepha

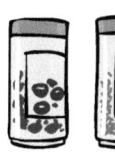

sirke	yağ	baharat
uviniga	amafutha	izinongo

ketçap	hardal	mayonez
isosi yetamatisi	isosi yesinaphi	imayonesi

restoran - isitolo sokudlela

süpermarket

emakethe enkulu

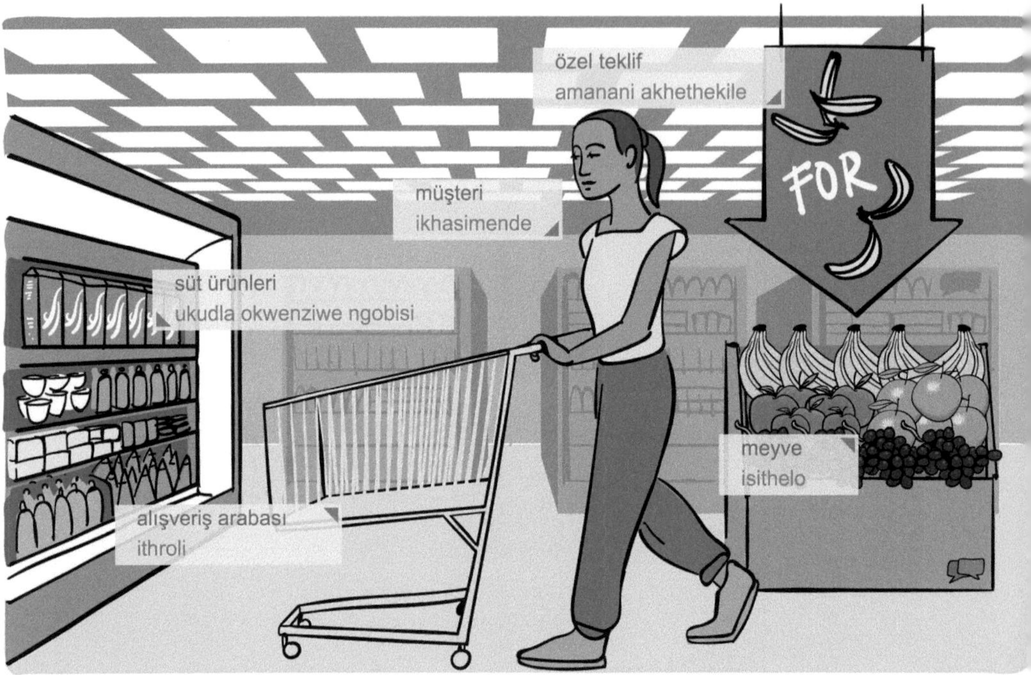

özel teklif
amanani akhethekile
FOR
müşteri
ikhasimende
süt ürünleri
ukudla okwenziwe ngobisi
meyve
isithelo
alışveriş arabası
ithroli

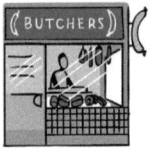

BUTCHERS

kasap

ebhusha

BAKERY

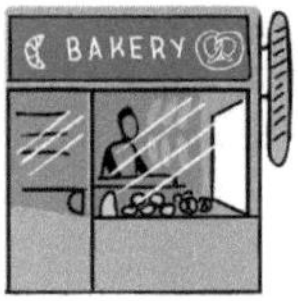

fırın

isitolo esidayisa isinkwa

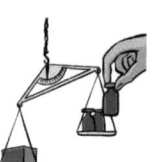

tartmak

kala

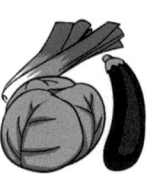

sebze

amaveji

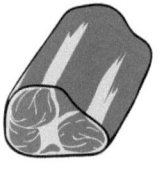

et

inyama

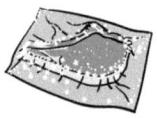

donmuş gıda

ukudla okubandayo

söğüş et
inyama ebandayo

konserve yiyecek
ukudla okusethinini

toz deterjan
insipho yokuwasha enguphawuda

şekerlemeler
oswidi

ev temizlik ürünleri
izinto zasendlini

temizlik ürünleri
izinto zokuhlanza

satış görevlisi
umuntu odayisayo

yazar kasa
ithili

kasiyer
umbali wemali

alışveriş listesi
izinto okumelwe zithengwe

açılış saatleri
amahora okuvula

cüzdan
uwolethi

kredi kartı
ikhadi lesikweletu

çanta
isikhwama

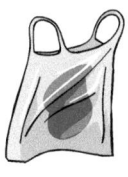

plastik poşet
isikwama sepulastiki

süpermarket - emakethe enkulu

içecekler
iziphuzo

su
amanzi

meyve suyu
ijusi

süt
ubisi

kola
i-coke

şarap
iwayini

bira
ubhiya

alkol
utshwala

kakao
i-cocoa

çay
itiye

kahve
ikhofi

espresso
i-ekspreso

kapuçino
ikhaphachino

yemek
ukudla

muz
ubhanana

elma
i-apula

portakal
i-olintshi

kavun
ikhabe

limon
ulamula

havuç
ukherothi

sarımsak
ugaligi

bambu
umhlanga

soğan
u-anyanisi

mantar
ikhowe

çerez
amakinati

makarna
ama-noodle

yemek - ukudla

spagetti
isipagethi

pirinç
iraysi

salata
isaladi

cips
ama-chips

patates kızartması
amazambane athosiwe

pizza
i-pizza

hamburger
ibhega

sandviç
isendiwichi

şinitzel
inyama engenathambo

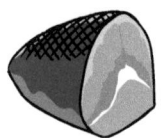
pastırma
ham

salam
salami

sosis
isoseji

tavuk
inkukhu

rosto
yosiwe

balık
inhlanzi

yulaf ezmesi
iphalishi le-oats

müsli
i-muesli

mısır gevreği
ama-cornflakes

un
uflulawa

kruvasan
i-croissant

küçük ekmek
isinkwa esiyiroli

ekmek
isinkwa

tost
i-toast

bisküvi
amabhiskidi

tereyağı
ibhotela

kaymak
i-curd

kek
ikhekhe

yumurta
iqanda

sahanda yumurta
iqanda elithosiwe

peynir
ushizi

dondurma	şeker	bal
i-ice cream	ushukela	uju

reçel	fındık ezmesi	köri
ujamu	ispredi sikashokholedi	isitshulu

yemek - ukudla

çiftlik
ifamu

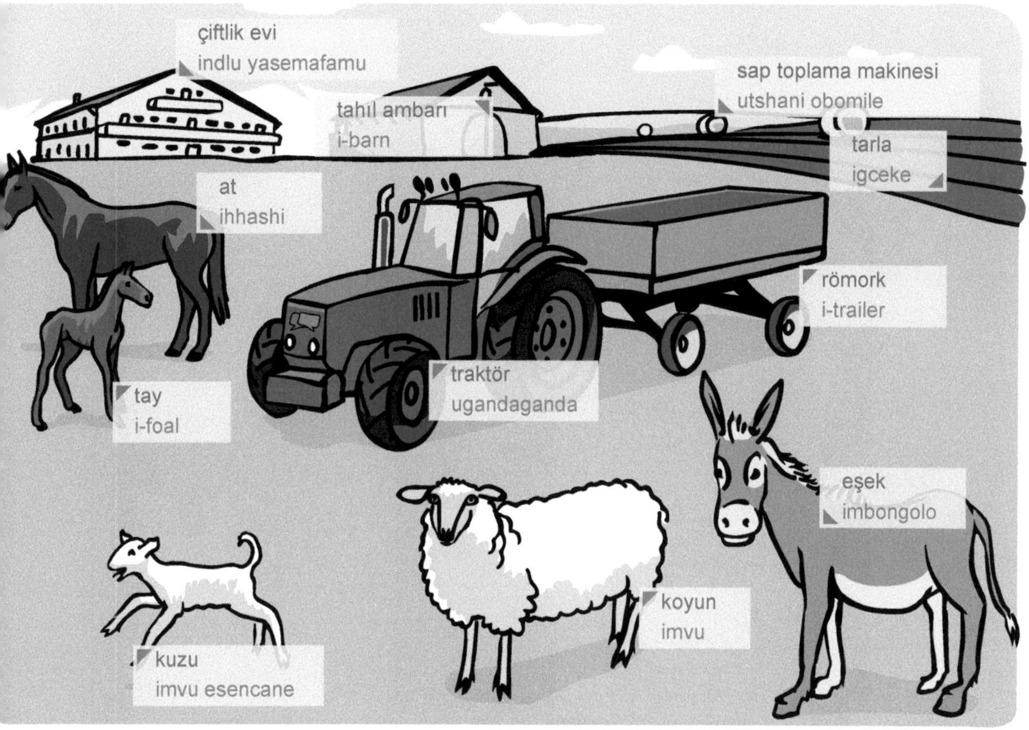

çiftlik evi
indlu yasemafamu

tahil ambarı
i-barn

sap toplama makinesi
utshani obomile

tarla
igceke

at
ihhashi

römork
i-trailer

tay
i-foal

traktör
ugandaganda

eşek
imbongolo

kuzu
imvu esencane

koyun
imvu

keçi
imbuzi

inek
inkomo

buzağı
ithole

domuz
ingulube

domuz yavrusu
ingulube esencane

boğa
inkunzi

kaz
ihansi

ördek
idada

civciv
ichwane

tavuk
isikhukhukazi

horoz
iqhude

sıçan
igundwane

kedi
ikati

fare
igundwane

öküz
inkabi

köpek
inja

köpek kulübesi
indlu yenja

bahçe hortumu
ipayipi lokunisela

sulama kabı
ikani lokunisela

tırpan
ucelemba

pulluk
igeja

orak
isikela

çapa
ukhuba

dirgen
imfoloko

balta
imbazo

el arabası
ibhala

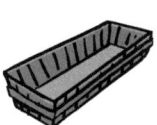

yemlik
umkhombe

süt kovası
ubusi olusekanini

çuval
isaka

çit
ifensi

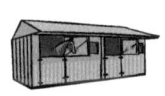

ahır
esitebhilini

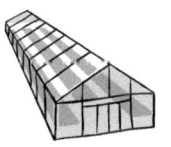

sera
i-greenhouse

toprak
inhlabathi

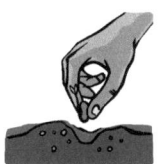

tohum
imbewu

gübre
umanyolo

biçerdöver
ukuvuna okuhlanganisiwe

çiftlik - ifamu

hasat etmek
vuna

harman
isivuno

tatlı patates
ama-yam

buğday
ukolweni

soya
umbhontshisi

patates
amazambane

mısır
ummbila

kolza
i-rapeseed

meyve ağacı
isihlahla sezithelo

manyok
umdumbula

hububat
amasiriyeli

çiftlik - ifamu

ev
indlu

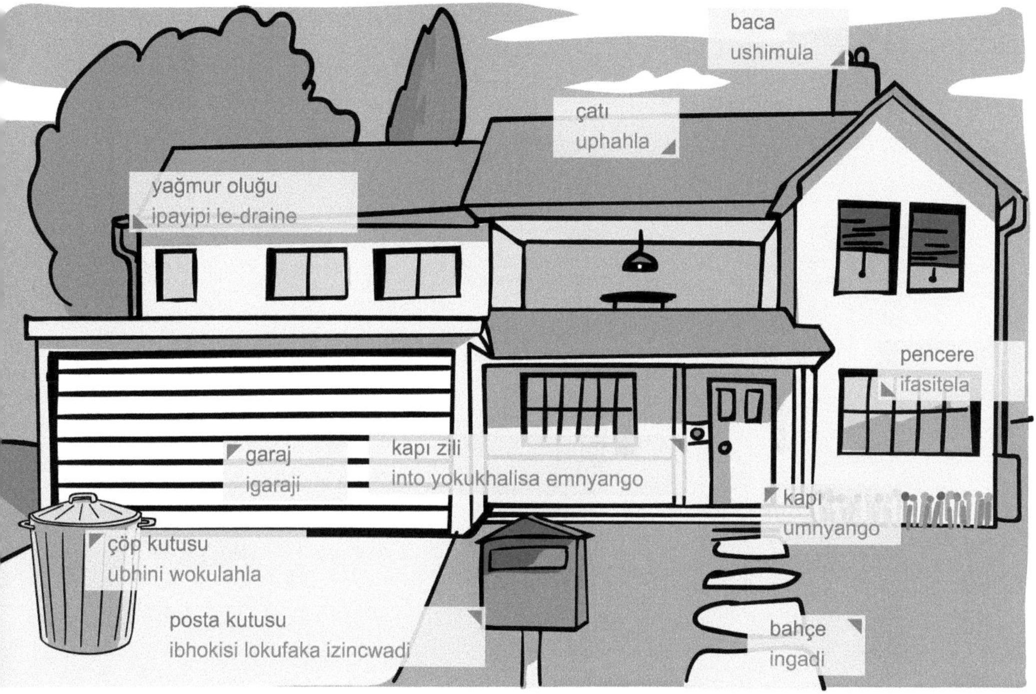

- baca / ushimula
- çatı / uphahla
- yağmur oluğu / ipayipi le-draine
- pencere / ifasitela
- garaj / igaraji
- kapı zili / into yokukhalisa emnyango
- kapı / umnyango
- çöp kutusu / ubhini wokulahla
- posta kutusu / ibhokisi lokufaka izincwadi
- bahçe / ingadi

oturma odası
igumbi lokuhlala

banyo
igumbi lokugeza

mutfak
ikhishi

yatak odası
igumbi lokulala

çocuk odası
igumbi lezingane

yemek odası
igumbi lokudlela

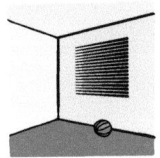
zemin
phansi

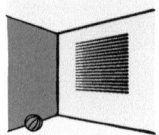
duvar
udonga

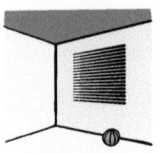
tavan
usilingi

kiler
i-cella

sauna
i-sauna

balkon
ibhalconi

teras
i-terrace

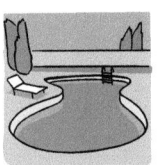
havuz
iphuli

çim biçme makinesi
umshin wokugunda utshani

çarşaf
ishidi

yatak örtüsü
ingubo yokulala

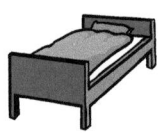
yatak
umbhede

süpürge
umshanelo

kova
ibhakede

anahtar
i-switch

ev - indlu

oturma odası
igumbi lokuhlala

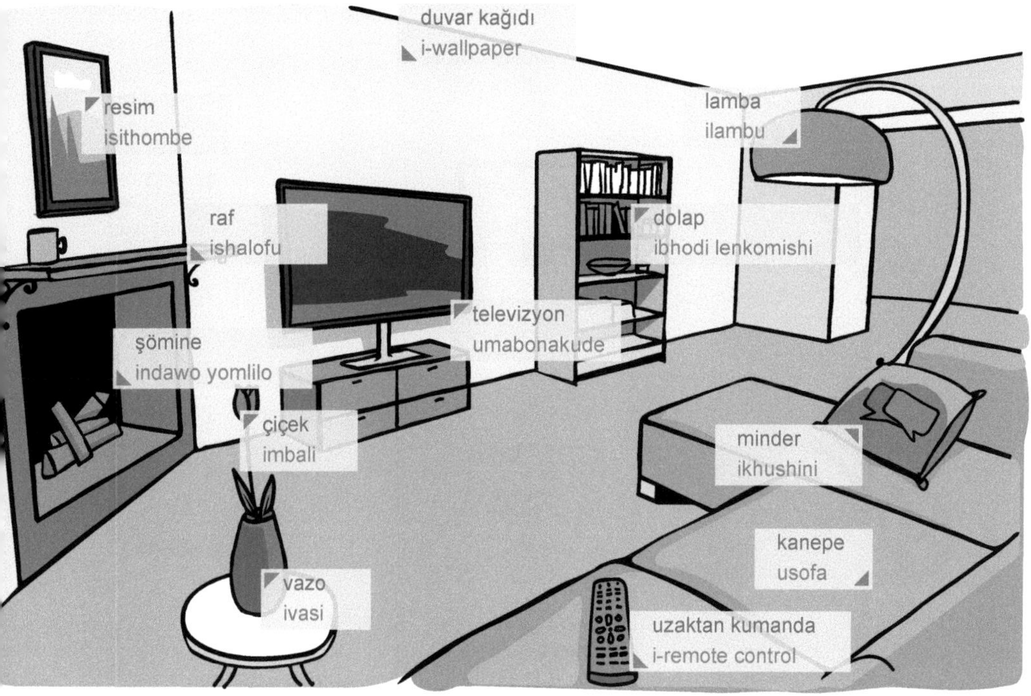

- resim / isithombe
- duvar kağıdı / i-wallpaper
- lamba / ilambu
- raf / ishalofu
- dolap / ibhodi lenkomishi
- şömine / indawo yomlilo
- televizyon / umabonakude
- çiçek / imbali
- minder / ikhushini
- vazo / ivasi
- kanepe / usofa
- uzaktan kumanda / i-remote control

halı
ukhaphethe

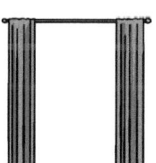

perde
ikhethini

masa
itafula

sandalye
isihlalo

salıncaklı koltuk
isihlalo esinyakazayo

koltuk
isihlalo esingangengalo

kitap
incwadi

battaniye
ingubo

dekor
ukuhlobisa

odun
izinkuni zokubasa

film
ifilimu

hi-fi
izinto ze-hi-fi

anahtar
ukhiye

gazete
iphephandaba

tablo
ukupenda

poster
iphosta

radyo
umsakazo

defter
i-notepad

elektrikli süpürge
ihuva

kaktüs
i-cactus

mum
ikhandlela

oturma odası - igumbi lokuhlala

mutfak
ikhishi

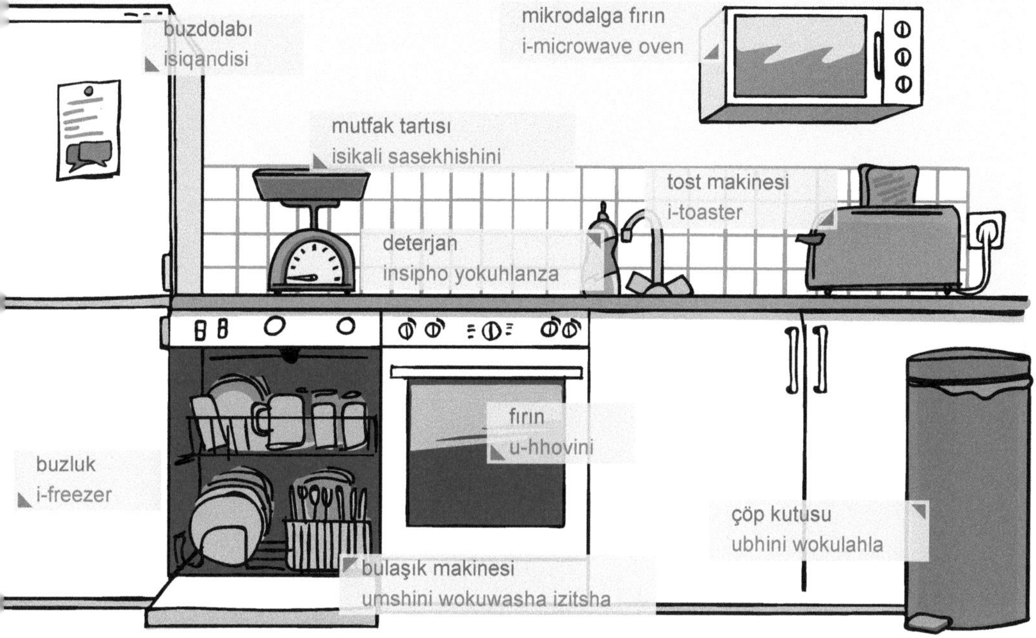

buzdolabı
isiqandisi

mikrodalga fırın
i-microwave oven

mutfak tartısı
isikali sasekhishini

tost makinesi
i-toaster

deterjan
insipho yokuhlanza

fırın
u-hhovini

buzluk
i-freezer

çöp kutusu
ubhini wokulahla

bulaşık makinesi
umshini wokuwasha izitsha

ocak
umshini wokupheka

tencere
ibhodwe

döküm tencere
ibhodwe le-cast iron

wok
i-wok / kadai

tava
ipani

su ısıtıcı
iketela

mutfak - ikhishi

buharlı pişirici
i-steamer

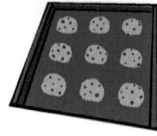
pişirme tepsisi
ithreyi lokubhaka

tabak takımı
izitsha zokudla

kupa
imaki

kase
isitsha

çubuk (çin yemeği)
izinti zendwangu

kepçe
isixembe sokuphaka

spatula
ispathula

çırpma teli
i-whisk

süzgeç
i-strainer

elek
isisefo

rende
igretha

havan
isitsha sodaka

barbekü
i-barbecue

açık ateş
umlilo

kesme tahtası
ibhodi lokuqoba

merdane
ipini lokurola

tirbüşon
iskrew

konserve kutusu
ikani

konserve açacağı
into yokuvula ikani

fırın eldiveni
indwangu yokubamba ibhodwe

evye
usinki

fırça
i-brush

sünger
isiponji

blender
ibhlenda

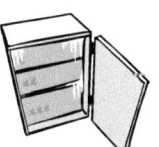

derin dondurucu
i-deep freezer

biberon
ibhodlela lengane

musluk
umpompi

mutfak - ikhishi

banyo
igumbi lokugeza

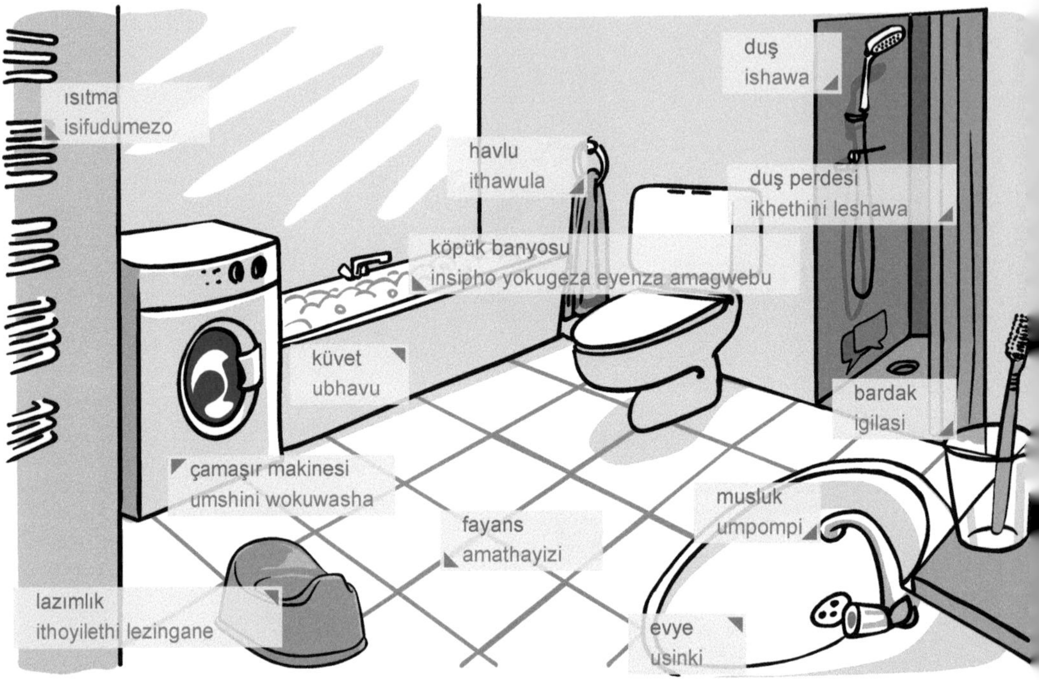

- ısıtma / isifudumezo
- duş / ishawa
- havlu / ithawula
- duş perdesi / ikhethini leshawa
- köpük banyosu / insipho yokugeza eyenza amagwebu
- küvet / ubhavu
- bardak / igilasi
- çamaşır makinesi / umshini wokuwasha
- musluk / umpompi
- fayans / amathayizi
- lazımlık / ithoyilethi lezingane
- evye / usinki

tuvalet
ithoyilethi

alaturka tuvalet
ithoyilethi oqoshama kuyo

bide
ithoyilethi le-bidet

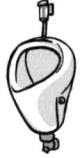

pisuvar
ithoyilethi lokuchama labesilisa

tuvalet kağıdı
iphepha lasethoyilethi

tuvalet fırçası
ibhrashi lasethoyilethi

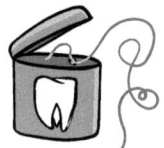

diş fırçası
ibhrashi lamazinyo

diş macunu
insipho yamazinyo

diş ipi
into yokuvungula

yıkamak
washa

duş başlığı
ishawa ebanjwa ngesandla

duş başlığı şeklinde taharet musluğu
uchatho

küvet
u-basini

banyo fırçası
ibrashi lomhlane

sabun
insipho

duş jeli
ijeli yeshawa

şampuan
ishampu

banyo lifi
ishethi lesikoshi

gider
i-drain

krem
ukhilimu

deodorant
into yokugcoba amakhwapha

ayna
isibuko

el aynası
isibuko esiphathwa ngesandla

jilet
ireyza

tıraş köpüğü
igwebu lokushefa

tıraş losyonu
umuthi ogcotshwa ngemva kokushefa

tarak
ikama

fırça
ibhrashi

saç kurutma makinesi
into yokomisa izinwele

saç spreyi
ispreyi sezinwele

makyaj
i-makeup

ruj
into yokugcoba umlomo

tırnak cilası
into yokususa upende wezinzipho

pamuk
uwuli kakotini

tırnak makası
isikelo sezinzipho

parfüm
isigqolo

banyo - igumbi lokugeza

makyaj çantası
isikhwama sezinto zokugeza

tabure
isitulo

tartı
isikali

bornoz
ingubo yokugeza

lastik eldiven
amagilavu erabha

tampon
ithemponi

kadın pedi
iphedi yasesikhathini

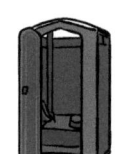
kimyevi tuvalet
ithoyilethi lekhemikhali

banyo - igumbi lokugeza

çocuk odası
igumbi lezingane

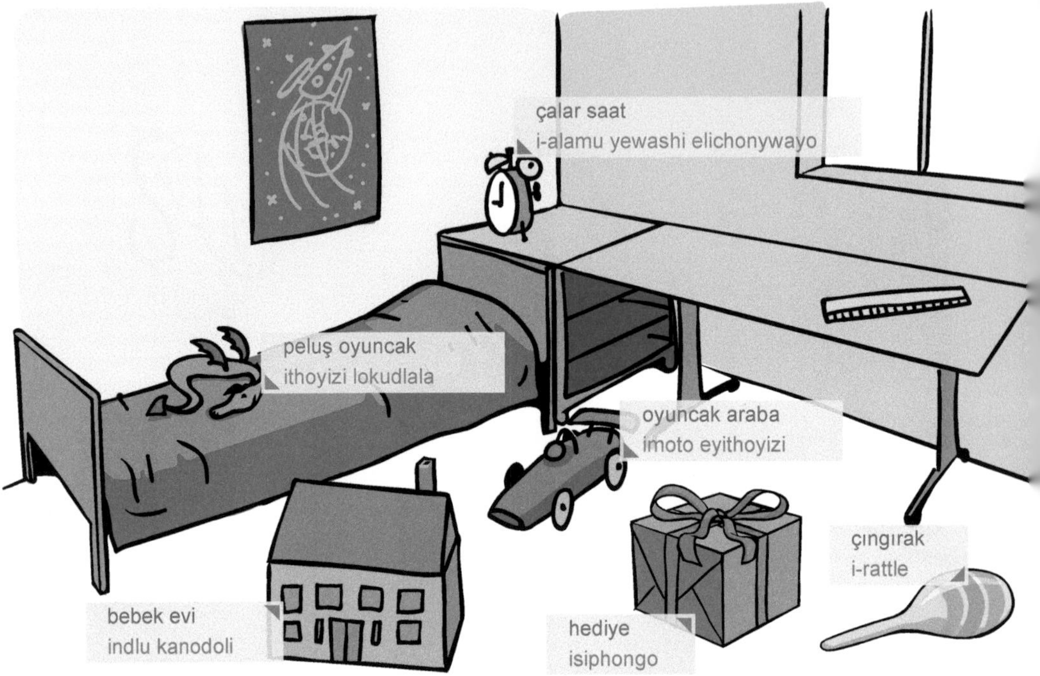

çalar saat
i-alamu yewashi elichonywayo

peluş oyuncak
ithoyizi lokudlala

oyuncak araba
imoto eyithoyizi

bebek evi
indlu kanodoli

hediye
isiphongo

çıngırak
i-rattle

balon
ibhaluni

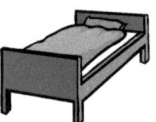

yatak
umbhede

bebek arabası
iphremu

kart destesi
amakhadi

yapboz
i-jigsaw

çizgi roman
indaba edwetshiwe

lego tuğlaları
amabrick elego

lego blokları
amabhuloksi okwakha

aksiyon figürü
unodoli weqhawe

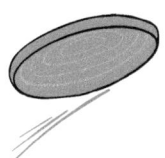
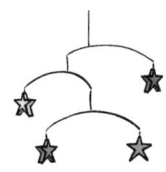

zıbın
izimpahla zezingane

frizbi
i-frisbee

dönence
amathoyizi ezingane alengayo

masa oyunu
ibhodi lokudlala igemu

zar
idayisi

model tren seti
isethi yesitimela

emzik
idemu

parti
iphathi

resimli kitap
incwadi yezithombe

top
ibhola

oyuncak bebek
unodoli

oynamak
dlala

kum havuzu	salıncak	oyuncaklar
umgodi wenhlabathi	uzwinki	amathoyizi

video oyun konsolu	üç tekerlekli bisiklet	oyuncak ayı
umshini wamavidiyo geymu	ibhayisikili elinemasondo amathathu	uthedibhe

gardırop
u-wardrobe

kıyafet
izimpahla

çorap	külotlu çorap	tayt
amasokisi	amastokhingi	amathayithi

kıyafet - izimpahla

dar bluz · umzimba
pantolon · amabhulukwe
kot pantolon · amajini

etek · isiketi
bluz · isikibha
gömlek · ishethi

kazak · ijezi elinezigqoko
süveter · i-hoodie
blazer · ibhuleyiza

ceket · ijakhethi
mont · ijazi
yağmurluk · i-raincoat

kostüm · ikhosyumu
elbise · ingubo
gelinlik · ingubo yomshado

kıyafet - izimpahla

takım elbise
isudu

gecelik
ingubo yokulala

pijama
amaphijama

sari
ingubo yesari

baş örtüsü
isikhafu

türban
isigqoko se-turban

burka
ibhukha

kaftan
ingubo yekaftani

çarşaf
abaya

mayo
impahla yokubhukuda

erkek mayosu
amathranki

şort
isikhindi

eşofman
i-tracksuit

önlük
ingubo yokupheka

eldiven
amagilavu

kıyafet - izimpahla

düğme
ibhathini

gözlük
izibuko

bilezik
ibhengela

kolye
umgexo

yüzük
indandatho

küpe
amacici

kep
ikepisi

portmanto
into yokuhenga ijazi

şapka
isigqoko

kravat
uthayi

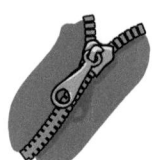

fermuar
uziphu

kask
ihelmethi

pantolon askısı
ama-braces

okul forması
iyunifomu yesikole

üniforma
iyunifomu

kıyafet - izimpahla

mama önlüğü

ibhayi lengane

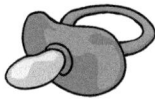

emzik

idemu

bebek bezi

inabukeni

ofis
i-ofisi

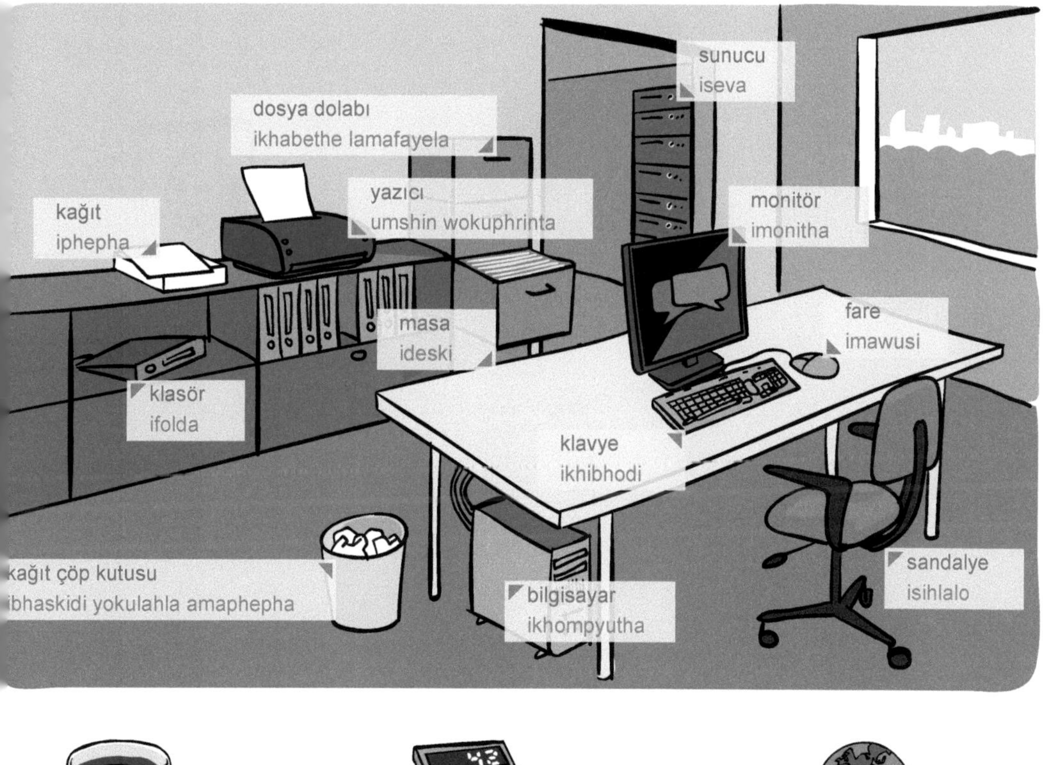

- sunucu — iseva
- dosya dolabı — ikhabethe lamafayela
- yazıcı — umshin wokuphrinta
- monitör — imonitha
- kağıt — iphepha
- masa — ideski
- fare — imawusi
- klasör — ifolda
- klavye — ikhibhodi
- kağıt çöp kutusu — ibhaskidi yokulahla amaphepha
- bilgisayar — ikhompyutha
- sandalye — isihlalo

kahve fincanı

imagi yekhofi

hesap makinesi

ikhalkhuletha

internet

i-inthanethi

dizüstü	mektup	mesaj
ilephuthophu	incwadi	umyalezo

cep telefonu	ağ	fotokopi makinesi
ifoni	inethiwekhi	ifothokhophi

yazılım	telefon	priz
i-software	ucingo	indawo yokupulaka

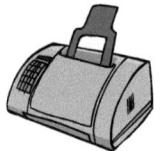 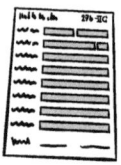 

faks makinesi	form	belge
umshini wokufeksa	ifomu	idokhumenti

ofis - i-ofisi

ekonomi
umnotho

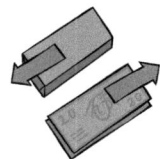
satın almak
thenga

ödemek
khokha

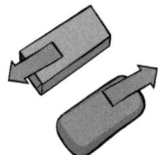
ticaret yapmak
shintshana

para
imali

dolar
idola

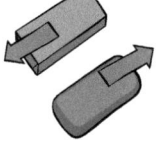

avro
i-euro

yen
iyen

ruble
i-rouble

İsviçre frangı
iSwiss franc

Çin yuanı
i-renminbi yuan

rupi
i-rupee

kasa
umshini wokukhipha imali

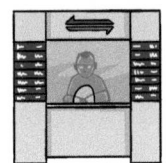

döviz bürosu
i-bureau de change

altın
igolide

gümüş
isiliva

petrol
amafutha

enerji
amandla

fiyat
inani lemali

kontrat
ukuxhumana

vergi
intela

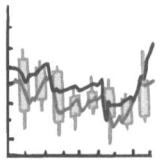

menkul değer
isitokwe

çalışmak
sebenza

işveren
isisebenzi

işçi
umqashi

fabrika
ifekthri

mağaza
esitolo

ekonomi - umnotho

meslekler
imisebenzi

polis memuru — iphoyisa

itfaiyeci — indoda ecisha umlilo

aşçı — pheka

doktor — udokotela

pilot — umshayeli wezindiza

bahçıvan
umuntu onakekela ingadi

marangoz
umbazi

terzi
umthungi

hakim
ijaji

kimyager
umuntu osebenza ekhemisi

aktör
umlingisi

otobüs şoförü
umshayeli webhasi

taksi şoförü
umshayeli wetekisi

balıkçı
indoda edoba izinhlanzi

temizlikçi
owesifazane ohlanzayo

çatı ustası
umuntu olungisa uphahla

garson
uweyita

avcı
umzingeli

boyacı
umuntu opendayo

fırıncı
umbhaki

elektrikçi
umuntu osebenza ngogesi

inşaatçı
umakhi

mühendis
unjiniyela

kasap
indawo edayisa inyama

muslukçu
umuntu osebenza ngamapayipi

postacı
indoda yaseposini

meslekler - imisebenzi

asker	mimar	kasiyer
isosha	umdwebi wezakhiwo	umbali wemali

çiçekçi	kuaför	kondüktör
umuntu otshala izimbali	umuntu owenza izinwele	umqondisi wasesitimeleni

tamirci	kaptan	dişçi
umakhenikha	ukaputeni	udokotela wamazinyo

bilim insanı	haham	imam
usosayensi	urabi	imam

keşiş	rahip	
indela	umfundisi	

aletler
amathuluzi

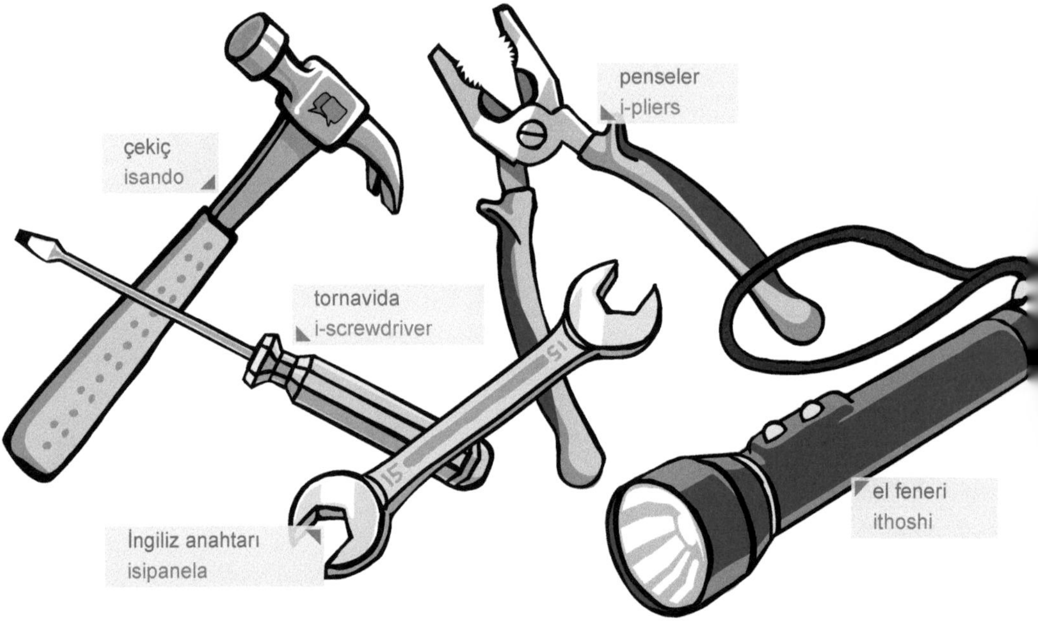

çekiç — isando
penseler — i-pliers
tornavida — i-screwdriver
İngiliz anahtarı — isipanela
el feneri — ithoshi

kazı makinesi

umshini wokumba

alet çantası

ibhokisi lamathuluzi

merdiven

isitebhisi

testere

isaha

çiviler

izinzipho

matkap

i-drill

tamir etmek
lungisa

kürek
ifosholo

Kahretsin!
Damethi!

faraş
idastipheni

boya tenekesi
ithini likapende

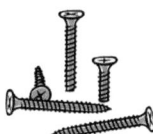

vidalar
i-screws

müzik enstrümanı
izinsimbi zomculo

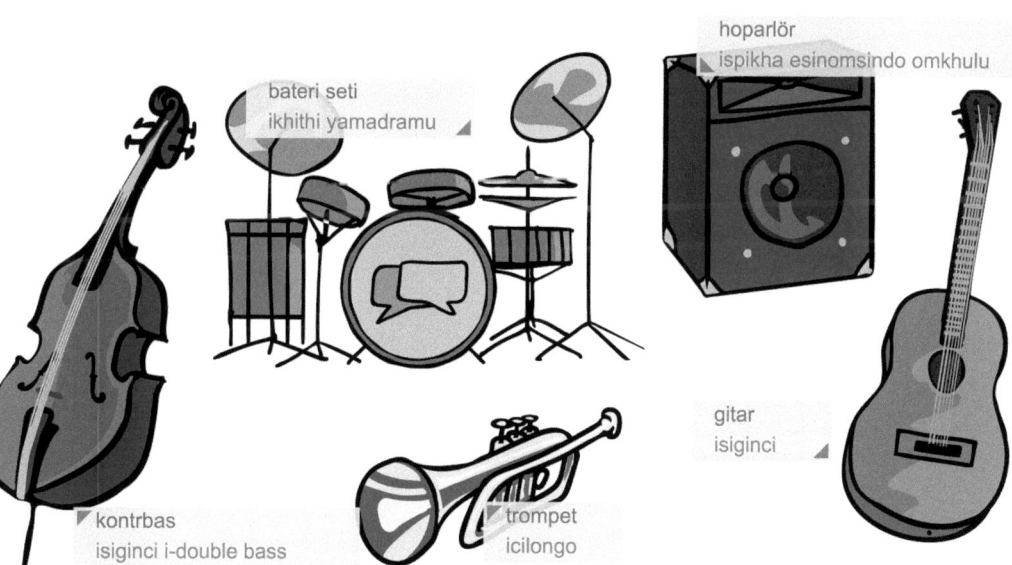

bateri seti
ikhithi yamadramu

hoparlör
ispikha esinomsindo omkhulu

gitar
isiginci

kontrbas
isiginci i-double bass

trompet
icilongo

piyano
ipiyano

keman
ivayolini

basgitar
i-bass

timpani
ithimpani

bateri
amadramu

klavye
i-keyboard

saksafon
i-saxophone

flüt
umtshingo

mikrofon
imakhrofoni

müzik enstrümanı - izinsimbi zomculo

hayvanat bahçesi
esiqiwini

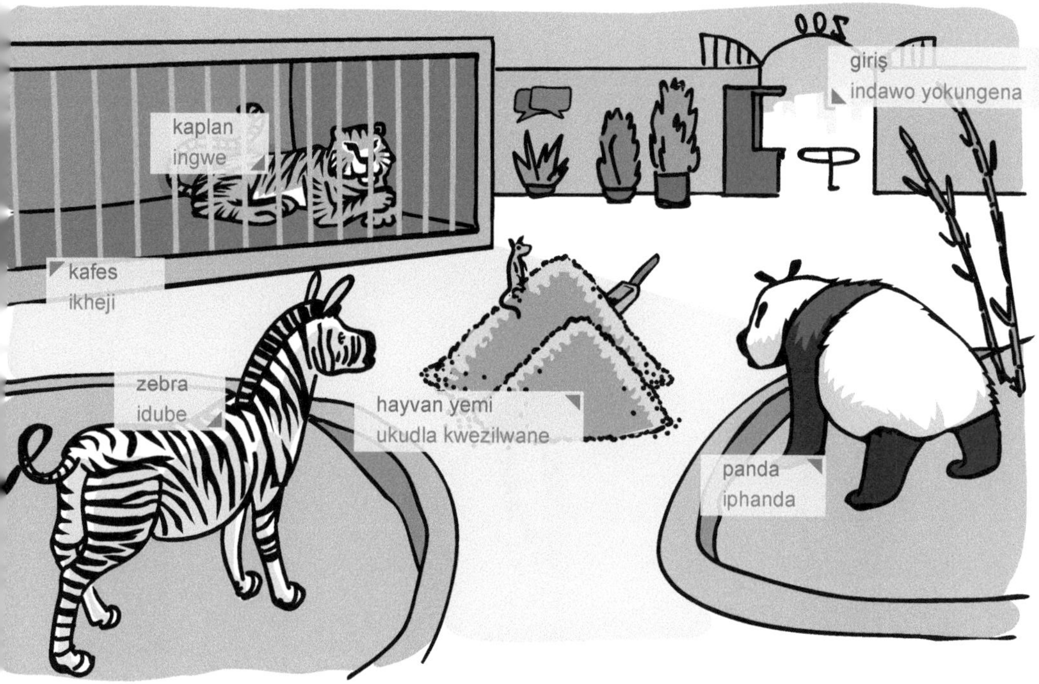

- kaplan / ingwe
- giriş / indawo yokungena
- kafes / ikheji
- zebra / idube
- hayvan yemi / ukudla kwezilwane
- panda / iphanda

hayvanlar
izilwane

fil
indlovu

kanguru
ikhangaru

gergedan
ubhejane

goril
igorila

ayı
ibhele

deve
ikamela

deve kuşu
intshe

aslan
ingonyama

maymun
inkawu

flamingo
i-flamingo

papağan
upholi

kutup ayısı
ibhele laseqhweni

penguen
iphenguwini

köpek balığı
ushaka

tavus kuşu
ipigogo

yılan
inyoka

timsah
ingwenya

hayvanat bahçesi görevlisi
umgcini wezilwane

fok
isilwane saseqhweni

jaguar
ijaguwa

hayvanat bahçesi - esiqiwini

midilli atı
iponi

leopar
ingwe

su aygırı
imvubu

zürafa
indlulamithi

kartal
ukhozi

yaban domuzu
intibane

balık
inhlanzi

kaplumbağa
ufudu

mors
i-walrus

tilki
ujakalase

ceylan
inyamazane igazele

sporlar
imidlalo

amerikan futbolu
ibhola lezinyawo laseMelika

bisiklete binme
umdlali webhayisikili

tenis
ithenisi

basketbol
ibhola lomnqankiswano

yüzme
ukubhukuda

boks
isibhakela

buz hokeyi
i-ice hockey

futbol
ibhola lezinyawo

badminton
i-badminton

atletizm
abasubathi

hentbol
ibhola lezandla

kayak
ukushushuluza

polo
ipolo

etkinlikler
imisebenzi

- atlamak / gxuma
- sarılmak / haga
- gülmek / hleka
- yürümek / hamba
- söylemek / cula
- hayal etmek / phupha
- dua etmek / thandaza
- öpmek / cabuza

yazmak
bhala

çizmek
dweba

göstermek
bonisa

itmek
phusha

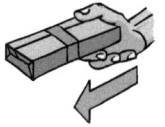

vermek
nikeza

almak
thatha

sahip olmak
yiba

yapmak
yenza

olmak
yiba

ayakta durmak
sukuma

koşmak
gijima

çekmek
donsa

atmak
phonsa

düşmek
yiwa

yalan söylemek
amanga

beklemek
linda

taşımak
thwala

oturmak
hlala

giyinmek
gqoka

uyumak
lala

uyanmak
vuka

etkinlikler - imisebenzi

bakmak
bukela

ağlamak
khala

vurmak
qhweba

taramak
kama

konuşmak
khuluma

anlamak
qonda

sormak
buza

dinlemek
lalela

içmek
phuza

yemek
idla

düzenlemek
coca

sevmek
thanda

pişirmek
pheka

sürmek
shayela

uçmak
ndiza

etkinlikler - imisebenzi

denize açılmak
hamba ngomkhumbi

hesapla
bala

okumak
funda

öğrenmek
funda

çalışmak
sebenza

evlenmek
shada

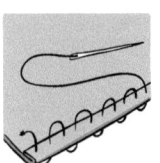
dikmek
thunga

diş fırçalamak
geza amazinyo

öldürmek
bulala

sigara içmek
bhema

yollamak
thumela

aile
umndeni

büyükanne
ugogo

büyükbaba
umkhulu

baba
ubaba

anne
umama

bebek
ingane

kız
indodakazi

oğul
indodana

misafir
isivakashi

teyze
u-anti

amca
umalume

erkek kardeş
umfowethu

kız kardeş
udadewethu

aile - umndeni

vücut
umzimba

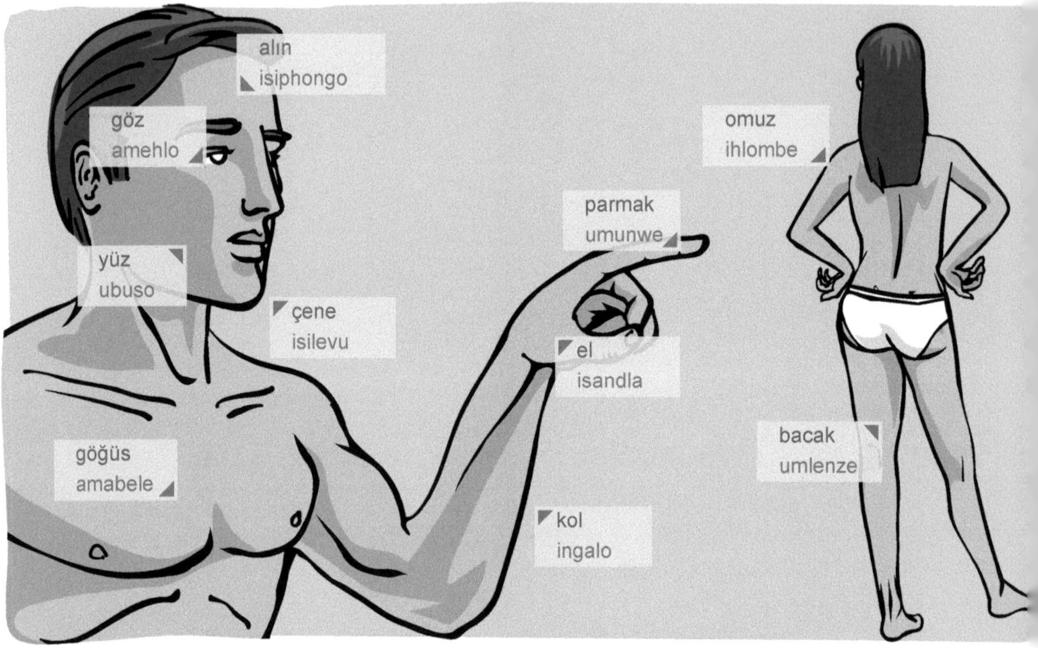

alın
isiphongo

göz
amehlo

omuz
ihlombe

parmak
umunwe

yüz
ubuso

çene
isilevu

el
isandla

bacak
umlenze

göğüs
amabele

kol
ingalo

bebek
ingane

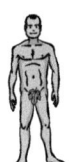

adam
indoda

kadın
owesifazane

kız
intombazane

erkek çocuk
umfana

baş
ikhanda

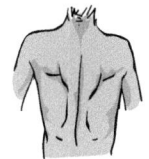
sırt
umhlane

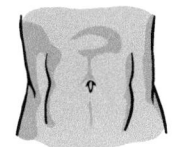
karın
isisu

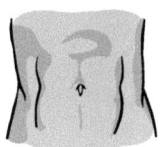
göbek
inkaba

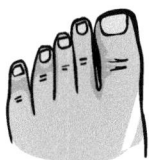
ayak parmağı
izinzwane

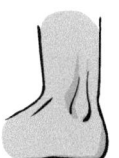
topuk
isithende

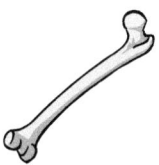
kemik
ithambo

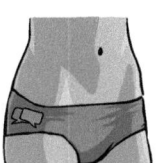
kalça
inqulu

diz
idolo

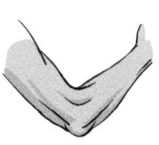
dirsek
indololwane

burun
ikhala

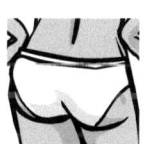
kalça
ingenzansi

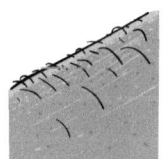
deri
isikhumba

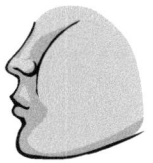
yanak
iziqhomo

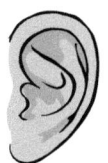
kulak
indlebe

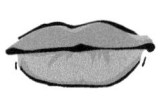
dudak
udebe

ağız
umlomo

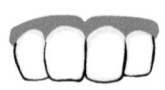

diş
amazinyo

dil
ulimu

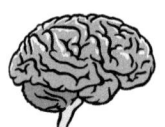

beyin
ingqondo

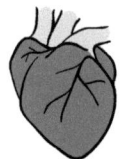

kalp
inhliziyo

kas
imasela

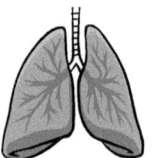

akciğer
uphaphe

karaciğer
isibindi

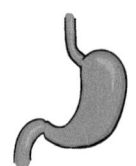

mide
isisu

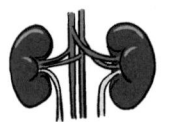

böbrekler
izinso

seks
ucansi

prezervatif
ikhondomu

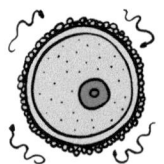

yumurtalık
iqanda

sperm
isidoda

hamilelik
ukukhulelwa

vücut - umzimba

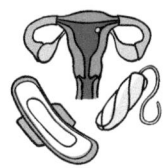
regl
ukuya esikhathini

vajina
imomozi

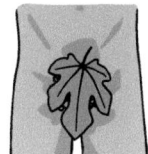
penis
umthondo

kaş
ishiya

saç
izinwele

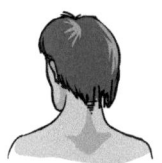
boyun
intamo

hastane
isibhedlela

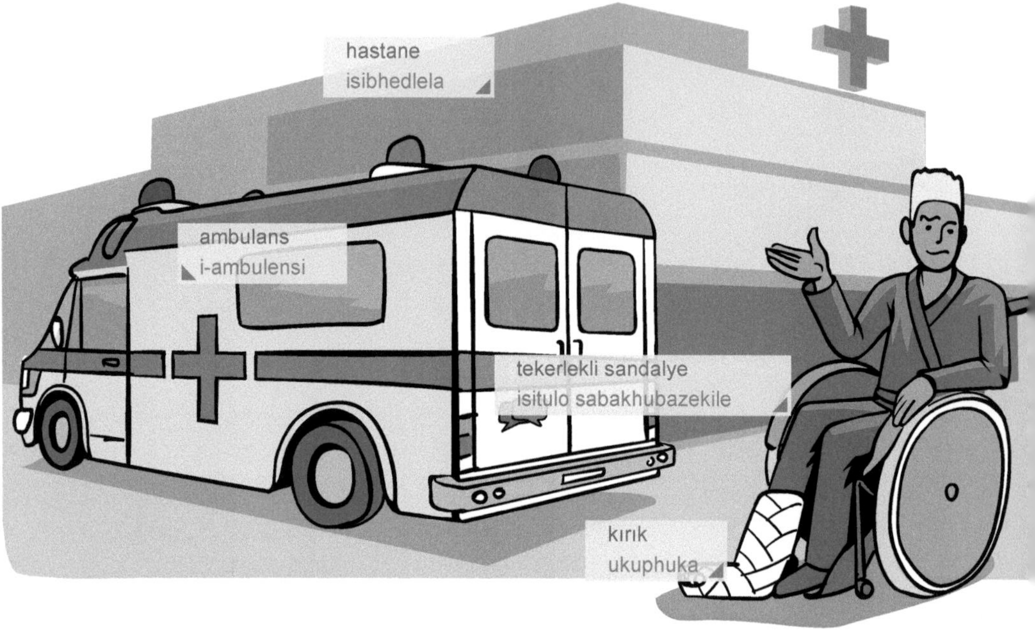

- hastane / isibhedlela
- ambulans / i-ambulensi
- tekerlekli sandalye / isitulo sabakhubazekile
- kırık / ukuphuka

doktor
udokotela

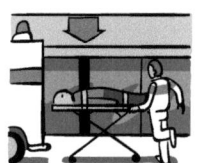

acil servis
igumbi leziguli ezidinga ukwelashwa okuphuthumayo

hemşire
umhlengikazi

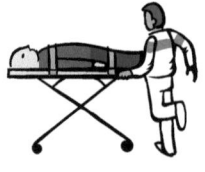

acil
izimo eziphuthumayo

baygın
ukuquleka

acı
ubuhlungu

yaralanma
ukulimala

kanama
ukopha

kalp krizi
isifo senhliziyo

felç
ukushaywa unhlangothi

alerji
ukungazwani komzimba nezinto ezithile

öksürük
ukukhwehlela

ateş
imfiva

grip
umkhuhlane

ishal
ukuhuda

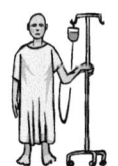
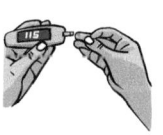

baş ağrısı
ukuphathwa ikhanda

kanser
umdlavuza

şeker hastalığı
isifo sikashukela

cerrah
udokotela ohlinzayo

neşter
isikalpheli

operasyon
ukuhlinzwa

hastane - isibhedlela

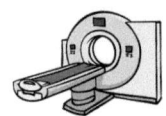
bilgisayarlı tomografi
CT

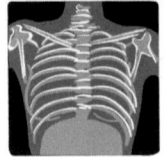
röntgen
i-x-ray

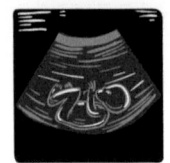
ultrason
i-ultrasound

yüz maskesi
imaskhi yasebusweni

hastalık
isifo

bekleme odası
igumbi lokulinda

koltuk değneği
izinduko zokuhamba

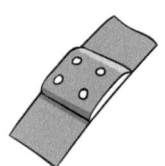
yara bandı
iplasta

bandaj
ibhandishi

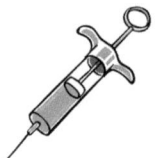
enjeksiyon
umjovo

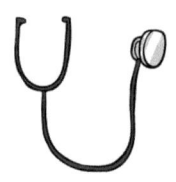
steteskop
izipopolo zikadokotela

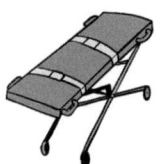
sedye
i-stretcher

tıbbi termometre
umshini okala izinga lokushisa

doğum
ukubeletha

fazla kilo
ukukhuluphala ngokweqile

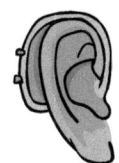
işitme cihazı
insizwa yokuzwa

dezenfektan
ukungatheleleki

enfeksiyon
ukutheleleka

virüs
ivariyasi

HIV / AIDS
HIV / AIDS

ilaç
umuthi

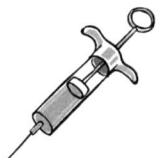
aşı
umgomo

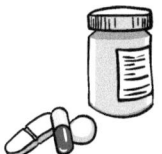
tablet
amaphilisi

hap
amaphilisi

acil çağrı
ucingo oluphuthumayo

tansiyon aleti
umshini okala umfutho wegazi

hasta / sağlıklı
ukugula / ukuba umqemane

acil
izimo eziphuthumayo

İmdat!	alarm	darp
Sizani!	i-alamu	ukuhlasela

saldırı	tehlike	acil çıkış
ukuhlasela	ingozi	indawo yokubalekela ngaphansi kwezimo eziphuthumayo

Yangın!	yangın tüpü	kaza
Umlimo!	isicimamlilo	ingozi
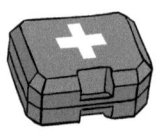		
ilk yardım çantası	imdat	polis
ikhithi yosizo lokuqala	SOS	amaphoyisa

dünya
Umhlaba

Avrupa
Europe

Kuzey Amerika
North America

Güney amerika
South America

Afrika
Africa

Asya
Asia

Avustralya
Australia

Atlantik
Atlantic

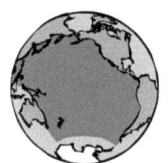

Pasifik
Pacific

Hint Okyanusu
Indian Ocean

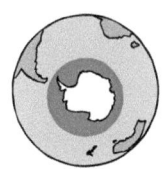

Antarktika Okyanusu
Antarctic Ocean

Arktik Okyanusu
Arctic Ocean

Kuzey Kutbu
North Pole

Güney Kutbu
South Pole

Antarktika
Antarctica

dünya
Umhlaba

kara
umhlaba

deniz
izilwandle

ada
isiqhingi

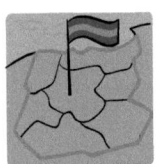
ulus
izwe

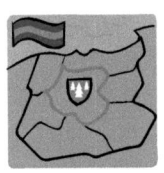
ülke
inhlangano engokomthetho

saat
iwashi

kadran
ubuso bewashi

akrep
isandla sehora

yelkovan
isandla semizuzu

saniye ibresi
isandla sesibili

Saat kaç?
Ubani isikhathi?

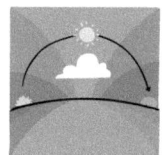

gün
usuku

zaman
isikhathi

şimdi
manje

dijital saat
iwashi lezibalo

dakika
umzuzu

saat
ihora

hafta
iviki

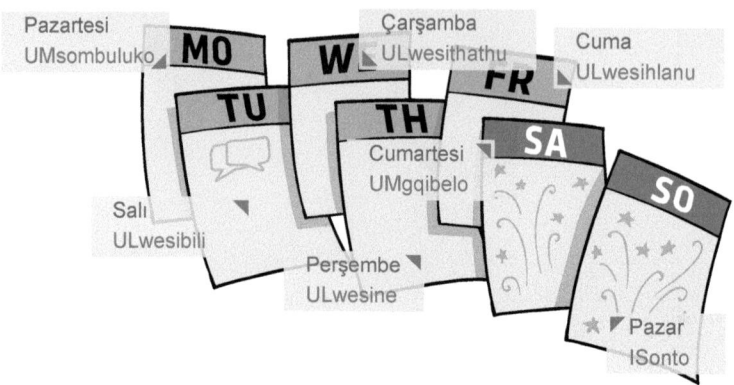

Pazartesi UMsombuluko
Salı ULwesibili
Çarşamba ULwesithathu
Perşembe ULwesine
Cuma ULwesihlanu
Cumartesi UMgqibelo
Pazar ISonto

dün — izolo

bugün — namhlanje

yarın — kusasa

sabah — ekuseni

öğle — emini

akşam — ntambama

iş günleri — izinsuku zeviki

hafta sonu — impelasonto

yıl
unyaka

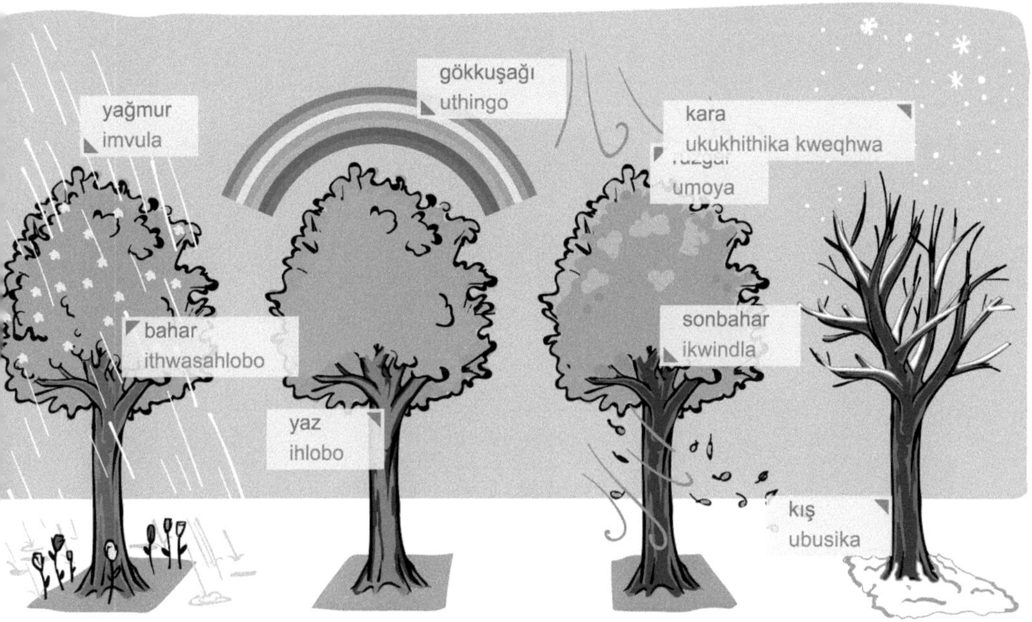

- yağmur / imvula
- gökkuşağı / uthingo
- kar / ukukhithika kweqhwa
- rüzgar / umoya
- bahar / ithwasahlobo
- yaz / ihlobo
- sonbahar / ikwindla
- kış / ubusika

hava durumu tahmini
isimo sezulu

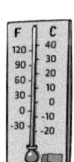

termometre
umshini wezinga lokushisa

güneş ışığı
ukushisa kwelanga

bulut
amafu

sis
inkungu

nem
umswakama

şimşek	gök gürültüsü	fırtına
ummbani	ukuduma kwezulu	isiphepho

 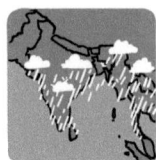 

dolu	muson	sel
isichotho	imvula enkulu	izikhukhula

  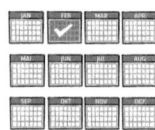

buz	Ocak	Şubat
iqhwa	UMasingana	UNhlolanja

Mart	Nisan	Mayıs
UNdasa	UMbasa	UNhlaba

 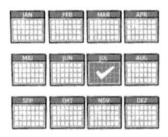 

Haziran	Temmuz	Ağustos
UNhlangulana	UNtulikazi	UNcwaba

yıl - unyaka

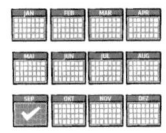
Eylül
UMandulo

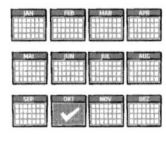
Ekim
UMfumfu

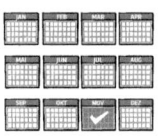
Kasım
ULwezi

Aralık
UZibandlela

şekiller
amasheyphu

daire
indilinga

kare
isikwele

dikdörtgen
unxande

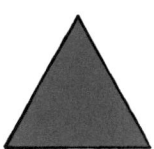
üçgen
unxantathu

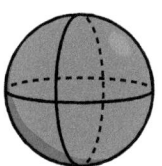
küre
i-sphere

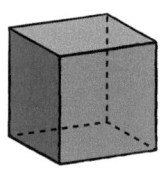
küp
i-cube

şekiller - amasheyphu

renkler
imibala

beyaz
kumhlophe

sarı
kuphuzi

turuncu
ku-olenji

pembe
kuphinki

kırmızı
kumbomvu

mor
kuphephuli

mavi
kuluhlaza okwesibhakabhaka

yeşil
kuluhlaza

kahverengi
kubhrawuni

gri
kuphashile

siyah
kumnyama

zıt anlamlılar
izinto ezingafani

çok / az
kakhulu / kancane

kızgın / sakin
ukucasuka / ubumnene

güzel / çirkin
ubuhle / ububi

başlangıç / son
isiqalo / isiphetho

büyük / küçük
kukhulu / kuncane

parlak / karanlık
kuyakhanya / kumnyama

erkek kardeş / kız kardeş
umfowethu / udadewethu

temiz / kirli
ukuhlanzeka / ukungcola

tamam / eksik
ukuphelela / ukungapheleli

gün / gece
imini / ubusuku

ölü / canlı
ukufa / ukuphila

geniş / dar
ukuvuleka / ukunyinyeka

yenilebilir / yenilemez
okudliwayo / okungadliwa

kötü / iyi
ukukhohlakala / umusa

heyecanlı / sıkılmış
ukujabula / isithukuthezi

şişman / zayıf
ukunona / ukuzaca

ilk / son
ukuqala / ukugcina

dost / düşman
umngane / isitha

dolu / boş
ukugcwala / ukuphela

sert / yumuşak
ubunzima / ukuthamba

ağır / hafif
ukusinda / ukubalula

açlık / susuzluk
ukulamba / ukoma

hasta / sağlıklı
ukugula / ukuba umqemane

yasa dışı / yasal
ngokomthetho / okungekho emthethweni

zeki / aptal
ukuhlakanipha / isiphukuphuku

sol / sağ
isinxele / esokudla

yakın / uzak
eduze / kude

zıt anlamlılar - izinto ezingafani

yeni / kullanılmış

kusha / sekusebenzile

hiçbir şey / bir şey

utho / okuthile

yaşlı / genç

okudala / okusha

açma / kapama

vuliwe / kucishiwe

açık / kapalı

vula / vala

sessiz / gürültülü

kuthulekile / kunomsindo

zengin / fakir

ukuceba / ubumpofu

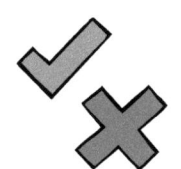

doğru / yanlış

kulungile / akulungile

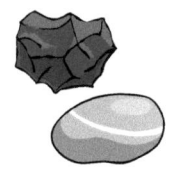

pürüzlü / düz

kugadlazekile / kuyashelela

üzgün / mutlu

dabuka / jabula

kısa / uzun

kufishane / kude

yavaş / hızlı

kuyanensa / kuyashesha

ıslak / kuru

ukuba manzi / ukoma

sıcak / serin

ukufudumala / ukuphola

savaş / barış

ukulwa / ukuthula

zıt anlamlılar - izinto ezingafani

sayılar
izinombolo

0
sıfır
uziro

1
bir
kunye

2
iki
kubili

3
üç
kuthathu

4
dört
kune

5
beş
kuhlanu

6
altı
isithupha

7
yedi
isikhombisa

8
sekiz
isishiyagalombili

9
dokuz
isishiyagalolunye

10
on
ishumi

11
on bir
ishumi nanye

12 on iki
ishumi nambili

13 on üç
ishumi nantathu

14 on dört
ishumi nane

15 on beş
ishumi nanhlanu

16 on altı
ishumi nesithupha

17 on yedi
ishumi nesikhombisa

18 on sekiz
ishumi nesishiyagalombili

19 on dokuz
ishumi nesishiyagalolunye

20 yirmi
amashumi amabili

100 yüz
ikhulu

1.000 bin
inkulungwane

1.000.000 milyon
izigidi

diller
izilimi

İngilizce

isiNgisi

Amerikan İngilizcesi

isiNgisi saseMelika

Çince (Mandarin)

isiMandarin saseShayina

Hintçe

isiHindi

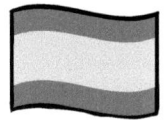

İspanyolca

iSpanishi

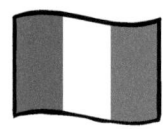

Fransızca

isiFulentshi

Arapça

isi-Arabhu

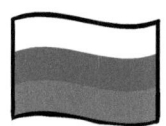

Rusça

isiRashiya

Portekizce

isiPutukezi

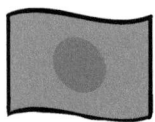

Bengalce

isiBengali

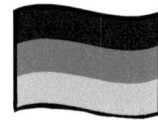

Almanca

isiJalimane

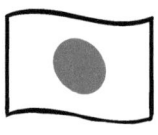

Japonca

isiJapane

kim / ne / nasıl
ubani / ini / kanjani

ben
Mina

sen
wena

o
u / u / ku

biz
thina

siz
nina

onlar
bona

kim?
ubani?

ne?
ini?

nasıl?
kanjani?

nerede?
kuphi?

ne zaman?
nini?

isim
igama

nerede
kuphi

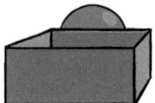

arkasında
ngemuva

içinde
ngaphakathi

önünde
phambi kwe

üzerinde
phezulu

üstünde
ngaphezulu

altında
ngaphansi

yanında
eceleni

arasında
phakathi

yer
indawo